Milan Heinrich

Das Problem der Willensfreiheit nach Arthur Schopenhauer und dessen zeitgenössische Relevanz

GRIN Verlag

Bibliografische Information der Deutschen Nationalbibliothek:

Die Deutsche Bibliothek verzeichnet diese Publikation in der Deutschen National-
bibliografie; detaillierte bibliografische Daten sind im Internet über http://dnb.d-
nb.de/ abrufbar.

Impressum:

Copyright © 2011 GRIN Verlag GmbH
Druck und Bindung: Books on Demand GmbH, Norderstedt Germany
ISBN: 978-3-656-01506-2

Dieses Buch bei GRIN:

http://www.grin.com/de/e-book/179207/das-problem-der-willensfreiheit-nach-
arthur-schopenhauer-und-dessen-zeitgenoessische

GRIN - Your knowledge has value

Der GRIN Verlag publiziert seit 1998 wissenschaftliche Arbeiten von Studenten, Hochschullehrern und anderen Akademikern als eBook und gedrucktes Buch. Die Verlagswebsite www.grin.com ist die ideale Plattform zur Veröffentlichung von Hausarbeiten, Abschlussarbeiten, wissenschaftlichen Aufsätzen, Dissertationen und Fachbüchern.

Besuchen Sie uns im Internet:

http://www.grin.com/

http://www.facebook.com/grincom

http://www.twitter.com/grin_com

DAS PRDBLEM DER WILLENSFREIHEIT

NACH ARTHUR SCHDPENHAUER

UND

DESSEN ZEITGENÖSSISCHE RELEVANZ

VDN MILAN HEINRICH

Inhaltsverzeichnis

1. Einleitung und Themenwahl

„Die Frage ist wirklich eine höchst bedenkliche. Sie greift mit forschender Hand in das allerinnerste Wesen des Menschen."[1] Mit diesem Zitat formuliert Schopenhauer treffend meine subjektive Empfindung bei meiner ersten Beschäftigung mit ebenjenem Problem, dem ich mich in dieser Arbeit widmen möchte: Die Frage nach der Freiheit des menschlichen Willens. Meine erste Beschäftigung mit deterministischen Theorien, die diese Frage verneinend beantworten, faszinierte und verunsicherte mich zugleich, da ich sie auf der einen Seite als logisch und nicht widerlegbar wahrnahm, ich aber auf der anderen Seite eine Art emotionale Ablehnung empfand, diese Antwort zu akzeptieren. Allein die Tatsache, dass sich beim Schreiben dieser Einleitung die Frage stellen ließe, ob ich in meiner Themenwahl frei gehandelt habe oder nicht, bestätigt meine Faszination für dieses Problem, welche mich dazu bewegt hat, diese Facharbeit zu nutzen, um mich näher mit ihm zu beschäftigen. Bei der Suche nach passender Literatur stieß ich auf die Preisschrift Arthur Schopenhauers mit dem Titel „Über die Freiheit des menschlichen Willens", in der ich viele meiner eigenen Gedanken beeindruckend klar und eindeutig formuliert und weitergeführt fand, was mich überzeugte, diese als Grundlage für meine Arbeit zu verwenden. Ein weiterer Aspekt, der mein Interesse weckte, ist die Frage, warum die Ablehnung der Willensfreiheit, die mir nach einiger Beschäftigung sehr logisch und einleuchtend erschien, in unserer Gesellschaft kaum eine Rolle spielt. Ich werde daher im Verlauf dieser Arbeit versuchen, Schopenhauers Lösungsansatz anhand der bereits erwähnten Preisschrift vorzustellen und seine Relevanz in Bezug auf unsere Gesellschaft zu bewerten.

---

[1] Schopenhauer, 1977, S. 59

2. Das Problem der Willensfreiheit im Überblick

Da ich mich im weiteren Verlauf dieser Arbeit auf die Position Schopenhauers beschränken werde, möchte ich versuchen, einen kurzen Überblick über das Problem der Willensfreiheit im Allgemeinen und wichtige Grundbegriffe geben.

Bei der Beschäftigung mit der Frage nach der Willensfreiheit fällt auf, dass dieser Begriff in der Philosophie nicht eindeutig definiert ist und das Verständnis desgleichen bei verschiedenen Philosophen unterschiedlich ausfällt[2]. Einen Eindruck sollte jedoch trotzdem folgende Definition liefern: „Die Willensfreiheit ist das Vermögen eines Lebewesens, zu einer Proposition ebenso wohl Ja wie Nein zu sagen. Eine Proposition ist ein Gedanke, dass etwas der Fall sein soll [...]."[3]

Ein eng mit dem Problem der Willensfreiheit verknüpfter Begriff ist der des *Determinismus*, welcher davon ausgeht, „dass der gesamte Weltlauf ein für alle Mal fixiert ist."[4], also alle Ereignisse und Zustände auf Basis der allgemeingültigen Naturgesetze aus einem Anfangszustand zwingend hervorgehen[5]. Im Gegensatz dazu besagt der *Indeterminismus*, dass sich nicht alle Ereignisse oder Handlungen empirisch begründen lassen und somit nicht determiniert sind[6]. Aus diesen beiden Standpunkten ergibt sich das *Vereinbarkeitsproblem*, welches die Frage stellt, ob sich Determinismus und Willensfreiheit ausschließen, oder nicht[7]. Der *Kompatibilismus* vertritt hier die These der *Vereinbarkeit* von Determinismus und Willensfreiheit, ein bekannter Anhänger dieser Auffassung ist beispielsweise Thomas Hobbes, während der *Inkompatibilismus* besagt, dass ein determinierter Weltlauf und die Freiheit des Willens *unvereinbar* sind. Keil betont aber die Problematik der genauen Gegenüberstellungen dieser beiden Richtungen, da ihr Freiheitsbegriff sich unterscheidet. Während Inkompatibilisten für die Existenz der Willensfreiheit ein „So-oder-anders-Können unter gegeben Bedingungen"[8] voraussetzen, bezeichnen Kompatibilisten einen Willensentschluss schon als frei, wenn dieser in Abwesenheit von Zwängen oder Äußerlichen Hindernissen gefasst wurde[9].

---

[2] vgl. Keil, 2009, S. 21 ff.
[3] Steinvorth, 1994 In: Kopriwa, Freiheit und Determination, 1999, S. 12
[4] Keil, 2009, S. 35
[5] vgl. ebd.
[6] vgl. Steinvorth, 1994
[7] vgl. Keil, 2009, S. 57
[8] ebd.
[9] vgl. ebd.

3. Schonenhauers Preisschrift „Über die Freiheit des menschlichen Willens"

Die Preisschrift „Über die Freiheit des menschlichen Willens", auf die ich im Folgenden näher eingehen möchte, war Schopenhauers Antwort auf die 1837 von der Königlich Norwegischen Gesellschaft der Wissenschaften gestellten Preisfrage „Läßt sich die Freiheit des menschlichen Willens aus dem Selbstbewusstsein beweisen?". 1839 wurde Schopenhauers Beitrag von der Königlichen Societät mit dem ersten Preis ausgezeichnet[10]. In meiner Zusammenfassung seiner Arbeit werde ich die von Schopenhauer gegebene Gliederung beibehalten.

3.1 Begriffsbestimmungen

Schopenhauer betont die Wichtigkeit der genauen Begriffsbestimmung, welche insbesondere bei „einer so wichtigen, ernsten und schwierigen Frage, die im Wesentlichen mit einem Hauptproblem der gesamten Philosophie mittlerer und neuerer Zeit zusammenfällt"[11] von Nöten ist.

3.1.1 Freiheit

Schopenhauer definiert den Begriff der Freiheit als einen *negativen*, nämlich als „Abwesenheit alles Hindernden und Hemmenden[12] und unterscheidet dabei drei verschiedene Unterarten:

- Physische Freiheit
- Intellektuelle Freiheit
- Moralische Freiheit

Die *Physische Freiheit* bestehe in der „Abwesenheit der materiellen Hindernisse aller Art"[13], was bedeutet, dass eine Handlung durch keine physischen Hindernisse gehemmt wird, sondern dem „dem Willen gemäß"[14] durchgeführt werden kann.

Die *Intelektuelle Freiheit* erwähnt Schopenhauer zu diesem Zeitpunkt nur der Vollständigkeit halber und verweist auf eine nähere Erläuterung, welche im Anhang der Preisschrift zu finden ist[15].

---

[10] vgl. Vollmer, In: Spierling, Schopenhauer im Denken der Gegenwart,1987, S. 166
[11] Schopenhauer, 1977, S. 43
[12] ebd.
[13] ebd.
[14] Schopenhauer, 1977, S. 43

Bedeutung zur Beantwortung der Fragestellung habe lediglich die *moralische Freiheit*, da diese das „liberum arbitrium (die freie Willensentscheidung)"[16] sei.

Schopenhauer kritisiert die gebräuchliche Definition von Freiheit, welche „Frei bin ich, wenn ich thun kann, was ich will"[17] laute; diese beziehe sich aber auf das Können, und nicht auf das Wollen. Schopenhauer verwirft diesen Freiheitsbegriff daher und führt den abstrakteren Begriff der „Abwesenheit aller Nothwendigkeit"[18] ein. Die sich aufdrängende Frage nach der Definition der Notwendigkeit beantwortet Schopenhauer folgendermaßen: „nothwendig ist, was aus einem gegebenen, zureichenden Grund erfolgt"[19]. Ein *freier Wille* müsste also „ohne Nothwendigkeit"[20], d.h. frei von äußeren Ursachen und somit allein in sich selbst begründet sein. Schopenhauer führt hierfür den Begriff des „liberum arbitrium indifferentiae (freie, nach keiner Seite hin beeinflußte Willensentscheidung)"[21]ein.

3.1.2 Selbstbewusstsein

Schopenhauer grenzt das Selbstbewusstsein vom „Bewusstsein anderer Dinge"[22] ab, wobei letzteres den größeren Teil des menschlichen Bewusstseins ausmache. Gegenstand des Selbstbewusstseins sei „allezeit das eigene Wollen"[23] in seinen verschiedenen Facetten, die Schopenhauer als „alle Affekte und Leidenschaften"[24] zusammenfasst und damit alle Emotionen und Affekte des Menschen auf dessen Willen zurückführt. Die „Bewegungen des Willens"[25] jedoch befinden sich laut Schopenhauer an der Grenze des Selbstbewusstseins zum Bewusstsein anderer Dinge, da diese sich auf Objekte der Außenwelt richten.

---

[15] Intellektuelle Freiheit sieht Schopenhauer dann gegeben, wenn Motive (siehe 3.2) vom Erkenntnisvermögen vollständig und unverfälscht erfasst werden, dieser Begriff wird in meiner Arbeit aber keine weitere Erwähnung finden (vgl. Schopenhauer, 1977, S. 139 ff.)
[16] a.a.O. S. 45
[17] a.a.O. S. 46
[18] a.a.O. S. 47
[19] ebd.
[20] a.a.O. S. 48
[21] a.a.O. S. 49
[22] ebd.
[23] a.a.O. S. 51
[24] ebd.
[25] Schopenhauer, 1977, S. 52

5

3.2 Der Wille vor dem Selbstbewusstsein

Wie bereits angedeutet, sieht Schopenhauer den Willensakt als „Gegenstand des Selbstbewusstseyns"[26], welcher sich auf ein Objekt im Bewusstsein anderer Dinge, bzw. „ein Objekt des Erkenntnißvermögens"[27] richtet. Dieses Objekt bezeichnet er im gegebenen Zusammenhang als *Motiv*. Die Fragestellung laute nun, ob der Willensakt mit *Notwendigkeit* durch das Motiv hervorgerufen oder auch nach Eintritt des Motivs ins Bewusstsein frei bleibe. Die Aussage des Selbstbewusstseins bestehe aber lediglich in der Freiheit, dem Willen gemäß zu handeln („Ich kann thun, was ich will"[28]), während die gestellte Frage sich auf die Freiheit des *Wollens* richte. Somit sei nach dem *Kausalverhältnis* zwischen den, im Bewusstsein anderer Dinge liegenden, Motiven und dem im Selbstbewusstsein begründeten Willensakt gefragt.

In der allgegenwärtigen Aussage des Selbstbewusstseins, „ich kann thun, was ich will", sieht Schopenhauer den Grund dafür, dass der „philosophisch rohe"[29] Mensch die Willensfreiheit als feststehende Wahrheit ansehe, da der Mensch tagtäglich erlebt, frei (im Sinne von *dem Willen gemäß)* handeln zu können. Dieses Freiheitserlebnis beziehe sich aber nur auf die *Folgen* des Willensaktes und nicht auf seinen *Ursprung*[30].

Die Frage nach der Willensfreiheit bestehe also in der Frage, ob der Wille notwendigerweise aus den Motiven, welche ihn beeinflussen, hervorgeht oder nicht. Da das Selbstbewusstsein aber lediglich eine Aussage über das Verhältnis von Handlung und Wille mache[31], kann das Selbsbewusstsein keine Instanz bei der Beantwortung der gestellten Frage sein und die Freiheit des Willens somit nicht aus dem Selbstbewusstsein bewiesen werden.

3.3 Der Wille vor dem Bewusstsein anderer Dinge

Schopenhauer betont, dass in diesem Abschnitt nicht mehr der Wille an sich, da dieser im Selbstbewusstsein begründet ist, sondern die „vom Willen bewegten Wesen"[32]. Dies habe den Vorteil, dass der Verstand als wirksames Werkzeug zur

---

[26] a.a.O. S. 53
[27] ebd.
[28] a.a.O. S. 55
[29] a.a.O. S. 58
[30] vgl. Schopenhauer, 1977, S. 57
[31] vgl. Schopenhauer, 1977, S. 62
[32] Schopenhauer, 1977, S.65

6

Untersuchung genutzt werden könne. Dieser finde sich in seiner allgemeinsten Form im *Gesetz der Kausalität*, welches die Basis seiner Argumentation liefert.

Schopenhauer bezieht sich hier auf Immanuel Kant, der das Kausalgesetz als „Grundsatz von dem durchgängigen Zusammenhange aller Begebenheiten der Sinneswelt nach unwandelbaren Naturgesetzen"[33] definiert. Eine vereinfachte Formulierung liefert das Historische Wörterbuch der Philosophie: „Es bezeichnet [...] die Aussage, daß jede Veränderung eine Ursache hat"[34]. Dieses Gesetz gelte *a priori*[35] und ausnahmslos für alle realen Objekte[36].

Für ebendiese Objekte nimmt Schopenhauer nun eine Klassifizierung vor, da sie sich in leblose und lebendige, und diese wiederum in Pflanzen und Tiere aufteilen ließen, welche jeweils durch andere Gründe im Sinne des Kausalgesetzes bestimmt werden. Am „Gipfel dieser Stufenfolge"[37] stehe der Mensch.

Hieraus ergibt sich Schopenhauers „Hierarchie der zureichenden Gründe"[38] [39], welche sich folgendermaßen aufbaut:

- *Ursachen* bewirken die „Veränderung aller [...]leblosen Körper"[40], wobei ein wichtiges Merkmal ist, dass der Grad der Ursache dem Grad der Wirkung entspricht. Als Beispiel kann hier der Zusammenstoß zweier Billardkugeln dienen.
- *Reize* sind die Ursachen, welche vorrangig auf Pflanzen wirken, und deren Wirkung *nicht* im Verhältnis zur Ursache steht. Als Beispiel führt Schopenhauer die Wirkung von Wärme auf eine Pflanze an.
- *Motive* wirken auf Tiere, erfordern ein Bewusstsein und sind dem „Bewußtseyn gegenwärtige Vorstellungen"[41]. Die durch ein Motiv hervorgerufene Kraft im Selbstbewusstsein bezeichnet Schopenhauer als den Willen.

Die Abgrenzung des Menschen zum Tier bestehe in der *Vernunft*, welche in der Fähigkeit besteht, aus der Außenwelt abstrakte Begriffe abzuleiten. Daher können

---

[33] Historisches Wörterbuch der Philosophie, 1972
[34] ebd.
[35] lat. „vom früheren her", unabhängig von Erfahrung
[36] vgl. Schopenhauer, 1977, S.66
[37] a.a.O. S. 68
[38] Vollmer, 1987, S.68
[39] s. Anhang
[40] Schopenhauer, 1977, S.69
[41] Schopenhauer, 1977, S. 71

die Motive des Menschen, bloße Gedanken sein und sich auf die Zukunft oder Vergangenheit beziehen, während die Motive der Tiere „anschaulich und gegenwärtig"[42] sein müssen. Der Mensch ist daher in der Lage, mittels seines Denkvermögens die Motive gegeneinander abzuwägen („Konflikt der Motive"[43]). Schopenhauer bezeichnet dies als „relative Freiheit"[44], welche in der Unabhängigkeit von den anschaulichen Motiven besteht.

Dennoch werde der Wille aber schließlich vom stärksten vorhandenen Motiv bestimmt, welches mit Notwendigkeit einen bestimmten Entschluss eintreten lässt. Diesen Gedanken illustriert Schopenhauer später an einem bekannt gewordenen Vergleich[45].

In der Art und Weise, wie bestehende Motive auf einen einzelnen Menschen wirken, bestehe sein *Charakter,* den vier Eigenschaften ausmachen.   Er ist laut Schopenhauer:

1. *Individuell,* da durch das gleiche Motiv bei verschiedenen Menschen gegensätzliche Taten bewirkt werden können.
2. *Empirisch,* da auch der eigene Charakter dem Mensch nur durch Erfahrung bewusst wird.
3. *Konstant.* Der Charakter des Menschen verändere sich das ganze Leben über nicht, ein Mensch handle unter identischen Einflüssen stets gleich[46]
4. *Angeboren* („Das Werk der Natur selbst"[47]).

Der Charakter des Menschen ist laut Schopenhauer die Voraussetzung der Notwendigkeit, mit der die Motive die Tat des Menschen hervorrufen. Diese ist somit „das nothwendige Produkt seines Charakters und des eingetretenen Motivs"[48] und wäre, bei vollständiger Kenntnis des Charakters und des Motivs vorhersagbar.

Schopenhauer formuliert seine Folgerungen aus dieser Untersuchung so:

---

[42] a.a.O. S. 73
[43] a.a.O. S. 75
[44] a.a.O. S. 74
[45] s. Anhang
[46] vgl. Schopenhauer, 1977, S. 87 ff.
[47] a.a.O. S. 92
[48] a.a.O. S. 95

- „Alles was geschieht, vom größten bis zum Kleinsten, geschieht nothwendig."[49]
- „durch das was wir thun, erfahren wir bloß, was wir sind."[50]

3.4. Vorgänger

In diesem Abschnitt geht Schopenhauer auf verschiedene Denker ein, die sich im Sinne seines Standpunktes geäußert haben. Zu diesen zählen unter Anderem Aristoteles, Cicero, Hobbes, und Kant, bis hin zu Goethe [51].

3.5 Schluss und höhere Ansicht

Nachdem „alle Freiheit des menschlichen Handelns aufgehoben"[52] sei, sieht Schopenhauer die Grundlage für das Verständnis der „wahren moralischen Freiheit"[53] gegeben. Der Mensch habe ein grundlegendes Gefühl von Verantwortlichkeit und Zurechnungsfähigkeit, welche aus dem Bewusstsein entstünde, dass der Mensch selbst Urheber seiner Taten ist. Eine Rechtfertigung dieser Taten aufgrund ihres, durch die Motive notwendigen, Eintritts ist laut Schopenhauer nicht möglich, da die Handlung das Produkt aus Charakter und Motiven ist. Somit wäre unter Einfluss der *gleichen* Motive *objektiv* eine andere Handlung möglich gewesen, nämlich wenn der Mensch ein Anderer, mit anderem Charakter gewesen wäre. Somit entsteht beim Menschen eine *Verantwortlichkeit*, welche sich aber eigentlich auf seinen Charakter, und daraus folgend scheinbar auch auf die Tat bezieht[54]. Da die Verantwortlichkeit das einzige Merkmal sei, welches auf die moralische Freiheit schließen lässt, sieht Schopenhauer ebenjene Freiheit im Charakter begründet. In einem erneuten Bezug auf Kant nimmt er dessen Unterscheidung zwischen *empirischem* und *intelligiblem*[55] Charakter auf. Der intelligible Charakter („d.h. sein Wille als Ding an sich"[56]) besitze *absolute Freiheit,*

---

[49] a.a.O. S. 99
[50] ebd.
[51] vgl. Schopenhauer, 1977, S.102 ff.
[52] a.a.O. S. 132
[53] ebd.
[54] vgl. Schopenhauer, 1977, S. 134 ff.
[55] intelligibel sind nach Kant „Gegenstände, die ,bloß durch den Verstand vorgestellt werden können' und keinen Bezug auf sinnliche Anschauung haben" (Historisches Wörterbuch der Philosophie, 1972)
[56] Schopenhauer, 1977 S. 137

sei also vollständig unabhängig vom Kausalgesetz. Dieser Freiheit aber sei
transzendental[57].

Die Freiheit liegt also laut Schopenhauer im Handeln („Operari"[58]) und nicht im Sein
(„Esse"[59]), und aus dieser Freiheit gehe das Bewusstsein für Verantwortlichkeit
hervor. Somit sei die Freiheit durch seine Darstellung „nicht aufgehoben, sondern
bloß hinausgerückt [...] hinauf in eine höhere, aber unserer Erkenntniß nicht so leicht
zugängliche Region"[60]

---

[57] Eine *transzendentale Erkenntnis* ist laut Schopenhauer „eine solche, welche das in aller Erfahrung
irgend mögliche vor aller Erfahrung bestimmt und feststellt, eben dadurch aber die Erfahrung
überhaupt zu einem bloßen Gehirnphänomen herabsetzt" (Wörterbuch der Philosophie, 1972)
[58] Schopenhauer, 1977, S. 138
[59] ebd.
[60] a.a.O. S. 139

4. Zeitgenössische Relevanz

Nach der Darstellung von Schopenhauers Antwort auf die Frage nach der Willensfreiheit möchte ich auf die Bewertung dieser Position aus heutiger Sicht eingehen. Dabei werde ich auf mögliche Kritikpunkte und die Konsequenzen, welche eine Verifizierung von Schopenhauers Standpunkt mit sich bringen würde, eingehen.

4.1 Kritische Betrachtung der Preisschrift

Besonders aus heutiger Sicht lassen sich sicherlich verschiedene Punkte an Schopenhauers Theorie kritisieren. Am weitaus schwersten wiegt hier die aus heutiger Sicht fragwürdige Position des Kausalprinzips. Erkenntnisse der modernen Quantenphysik zweifeln die allgemeine Gültigkeit des Kausalprinzips an („Die moderne Physik lehrt jedoch etwas anderes. Nach allem, was wir wissen, scheint es den absoluten Zufall tatsächlich zu geben"[61]), auf der Schopenhauers gesamte Argumentation aufbaut[62]. Wenn man annimmt, dass das Kausalprinzip nicht allgemeingültig ist, so kann auch die mit Notwendigkeit aus Motiven und Charakter hervorgehende Handlung des Menschen nicht mehr als bewiesen angesehen werden, ebenso kann das Kausalprinzip nicht mehr a priori gelten[63]. Es wird also deutlich, dass eine Widerlegung des Kausalprinzips Schopenhauers Argumentation die Grundlage entzieht. Ein weiterer Kritikpunkt, den Vollmer anbringt, ist die Definition von Schopenhauers Begriff der Notwendigkeit, welche er als „nicht zirkelfrei"[64] bezeichnet. In Bezug auf die Preisschrift würde ich Vollmer hier zustimmen, Schopenhauer selbst verweist aber auf eine Definition der Notwendigkeit in seiner „Abhandlung über den Satz vom Grunde", ohne deren Kenntnis ich mir an dieser Stelle kein Urteil erlaube.

Eduard Dreher, der Schopenhauers Argumentation als „gescheitert"[65] betitelt, formuliert eine vernichtende Kritik, welche Schopenhauer eine Vielzahl von Widersprüchen und Logikfehlern unterstellt[66]. Die Begründung dieser Kritik kann ich persönlich aber an vielen Stellen nicht nachvollziehen.

---

[61] Vollmer, 1987, S. 171
[62] siehe 3.3 „Der Wille vor dem Bewusstsein anderer Dinge"
[63] vgl. Vollmer, 1987, S. 172
[64] a.a.O. S. 171
[65] Dreher, 1987, S. 94
[66] vgl. Dreher, 1987, S. 82 ff

Alles in allem wirkt die Preisschrift in ihrer Argumentation auf mich sehr schlüssig und logisch, zu kritisieren wäre eher, wie oben dargestellt, dass Schopenhauer seine gesamte Theorie auf, aus heutiger Sicht, zweifelhaften Grundlagen aufbaut.

4.2 Die geringe Präsenz deterministischer Standpunkte im bürgerlichen Bewusstsein

Die zu Beginn der Arbeit von mir aufgeworfene Frage nach dem Grund für die geringe Präsenz deterministischer Standpunkte im alltäglichen Leben und dem verbreiteten, „weitestgehend unreflektiert[en]"[67] Indeterminismus, beantwortete sich sehr schnell beim Verfassen dieser Arbeit. Ich denke, das von Schopenhauer im Selbstbewusstsein lokalisierte Freiheitserlebnis des Menschen ist so groß, dass die bloße Vorstellung eines determinierten Willens für die meisten Menschen, die sich nicht weiter mit dieser Thematik auseinandergesetzt haben, sehr befremdlich und unlogisch wirkt. Durch diese Tatsache findet vermutlich im Allgemeinen keine weitere Auseinandersetzung mit dieser Frage statt.

4.3 Mögliche Konsequenzen

Da „dem Freiheitsbewusstsein die Vorstellung von Verbrechen, Schuld und Strafe"[68] entspringen, liegt der Gedanke nah, dass eine Verneinung der Willensfreiheit ebendiese Begriffe sinnlos macht. Es drängt sich die Frage auf, ob ein Mensch überhaupt Verantwortung für seine Taten übernehmen kann und ob unser gesamtes Rechtssystem auf dieser Grundlage noch bestehen könnte, welches grundlegend auf der Vorstellung basiert, einen Menschen dann für eine Tat zu bestrafen, wenn er die Möglichkeit gehabt hätte, sich anders zu verhalten, als er es getan hat. Die Anerkennung eines determistischen Standpunktes würde also viele Aspekte unserer Gesellschaft und unseres Lebens in Frage stellen.

Schopenhauer gibt auf diese Fragen aber eine andere Antwort. Obwohl er die Freiheit des Willens konsequent verneint, besitze der Mensch Verantwortlichkeit[69].Schopenhauer betont, er habe die Freiheit „nicht aufgehoben,

---

[67] Dreher, 1987, S. 2
[68] ebd.
[69] siehe 3.5

sondern bloß hinausgerückt"[70]. Auch das Problem der Verurteilung von Verbrechern löst Schopenhauer auf eine andere Art. Die Strafe sei keine „Heimsuchung der Verbrechen ihrer Selbst wegen"[71], sondern habe den Zweck, ein Gegenmotiv zu schaffen, also Verstöße schon vor ihrer Entstehung zu verhindern, indem die Strafe als Gegenmotiv die Motive, welche einen Verstoß gegen das Gesetz bewirken könnten, überwiegt. Im Falle eines Verstoßes dennoch eine Strafe am *unfrei* handelnden Verbrecher zu verhängen, sei notwendig, da das Gegenmotiv der Strafe in der Folge seine Wirkung verliere, wenn auf den Gesetzesverstoß nicht auch eine Konsequenz folge.

An diesen Beispielen wird deutlich, dass Schopenhauers Standpunkt vielen unserer Gesellschaftlichen Normen weit weniger widerspricht, als es auf den ersten Blick den Anschein haben mag. Trotz seiner Ablehnung der Willensfreiheit liefert er sinnvolle und schlüssige Anwendungen für Begriffe wie Verantwortlichkeit, Schuld und auch die Bestrafung von Verbrechen, obwohl die Entscheidungen des Menschen seinem Standpunkt nach nicht frei sind.

---

[70] Schopenhauer, 1977, S. 139
[71] Schopenhauer, 1977, S. 142

5. Fazit

Als Abschluss dieser Arbeit möchte ich verschiedene Punkte, die ich persönlich für besonders bedeutend erachte, herausstellen. Zuerst möchte ich eine Aussage Keils („Es gibt bekanntlich kein philosophisches Problem, das nicht, wenn man es nur richtig angeht, noch komplizierter würde. So verhält es sich auch mit dem Problem von Willensfreiheit und Determinismus."[72]) durch meine eigene Erfahrung stützen. Bei der Beschäftigung mit Schopenhauers Preisschrift und einiger Sekundärliteratur zu diesem Thema wurde mir schnell deutlich, dass diese Probleme schon bei der Definition von Begriffen wie Freiheit oder Wille, die man im alltäglichen Leben häufig gebraucht und über deren genaue Bedeutung man dabei wenig Gedanken verliert. Außerdem stellte ich schnell die extreme Bandbreite dieser Thematik fest, da ich mich bei der Recherche schnell in Gebieten wie moderner Hirnforschung oder Quantenphysik wiederfand.

Die Preisschrift Schopenhauers macht auf mich persönlich einen überzeugenden Eindruck in ihrem logischen und konsequenten Aufbau und ihrer Gedankenführung. Zusätzlich beeindruckte mich Schopenhauers klarer und schnörkelloser Sprachstil, mit dem er auch komplexe Gedanken verständlich formuliert und auch die Beispiele, an denen er seine Argumentation illustriert, fand ich gut verständlich und schlüssig. Wie in 4.1 ausgeführt, macht die strenge Voraussetzung der Allgemeingültigkeit des Kausalprinzips Schopenhauers Standpunkt jedoch verletzlich und es ist fraglich, ob er auf Basis aktueller wissenschaftlicher Erkenntnisse noch haltbar ist.

Trotz meiner einseitigen Beschäftigung mit dieser deterministischen Theorie und ohne detaillierte Auseinandersetzung mit einer Gegenposition denke ich, auch allgemeine Rückschlüsse auf die Beantwortung der Frage nach Willensfreiheit ziehen zu können. Mein persönlicher Eindruck ist, dass auf Basis unseres Wissensstandes die Entwicklung eines *unwiderlegbaren* Standpunktes nicht möglich ist, da letztlich keine Theorie bewiesen werden kann. Diese Annahme könnte für einen agnostischen Standpunkt in Bezug auf die Frage der Willensfreiheit sprechen. Ob dieser jedoch zufriedenstellend ist, bleibt wohl jedem selbst überlassen.

---

[72] Keil, 2009, S. 7

6. Literaturverzeichnis

Primärquellen:

- Schopenhauer, Arthur: *Über die Freiheit des menschlichen Willens. Über die Grundlage der Moral. Kleine Schriften II.*   Zürich: Diogenes, 1977

Sekundärquellen:

- Dreher, Eduard: *Die Willensfreiheit. Ein zentrales Problem mit vielen Seiten.* München: Beck, 1987

- Keil, Geert: *Willensfreiheit und Determinismus.* Stuttgart: Reclam, 2009 (=Grundwissen Philosophie)

- Ritter, Joachim u. a.: *Historisches Wörterbuch der Philosophie.* Basel: Schwabe & Co, 1972

- Steinvorth, Ulrich: „Freiheitstheorien in der Philosophie der Neuzeit." In: Kopriwa, Dieter (Hg.): *Freiheit und Determination* München: Bayerischer Schulbuchverlag GmbH, 1999 (=Grundkurs Ethik).

- Vollmer, Gerhard: „Schopenhauer als Determinist" In: Spierling, Volker (Hg.): *Schopenhauer im Denken der Gegenwart. 23 Beiträge zu seiner Aktualität.* München: Piper, 1987 S.165-178